儿童
亲子教育
课程

带领者手册

The Parenting Children Course – Leaders' Guide

发行：Canaanland Distributors Sdn Bhd
No. 25 Jalan PJU 1A/41B, NZX Commercial Centre Ara Jaya, 47301 Petaling Jaya, Selangor, Malaysia
电话：+603 7885 0540/1/2 (3 lines)
电邮：info@canaanland.com.my
网站：canaanland.com.my

出版者：Alpha International, HTB Brompton Road, London SW7 1JA.

internationalpublishing@alpha.org

目录

欢迎　4

简介　5

如何举办课程　6

标准课程架构　7

关键要素　10

快速核对清单　17

第一课
建立稳固的根基　18

第二课
满足儿女的需求　22

第三课
为儿女立界线　26

第四课
教导健康的人际关系　30

第五课
父母的长期目标　34

课堂布置建议　38

欢迎

非常高兴你决定举办儿童亲子教育课程，也希望你能和我们一样，享受带领这套课程的乐趣。现今，为人父母的压力比以往更大，有很多人急需得到帮助和支持。看到他们在上完课后信心倍增，也不再觉得是孤军做战，这使我们更愿意继续努力，使越来越多的人能在家里、社区或教会中获得这份资源。

这本组长手册是专为帮助你们能成功举办课程而设计的。有一点非常重要，就是组长须熟悉本课程的关键要素，和小组带领人的角色。此外，本手册也方便你随时查阅，我们在举办课程时发现，手册中的核对清单与时间表非常有用，可以让课程流畅进行。

如果你决定举办课程，请至 alpha.org/malaysia/marriageandparenting 网站注册。
这样做可使在你们附近居住的潜在学员查询到相关的信息，前来参与课程。同时，也方便我们给予你相应的协助。

如有任何问题，请务必联络我们，也请务必让我们知道你们进行
的情况。我们十分乐意收到你们的反馈信息。

Nicky and Sila Lee

简介

本课程是专为育有0至10岁孩子的父母所设计的，始于1990年英国伦敦的布普顿圣三一堂（HTB），本教材于2011年出版。我们收到来自世界各地的要求，大家希望能够参与本课程，以及青少年亲子教育课程，后者是针对育有11至18岁孩子的父母所设计。

本课程是为所有父母或照顾儿童的人所写的，无论他们自认为深谙教子之道，还是在其中苦苦挣扎；也无论他们是在等待第一个孩子的降临，还是独自抚养孩子；或是在养育继子女。参加课程的来宾可以是一人，也可以是夫妻一起。本课程所提供的实用工具对所有负责照顾0至10岁孩子的人来说，都很有用。

本课程共有五课，每周一堂，每堂历时2.5小时，当中包含用餐时间。不过，也可以把每一课拆成两堂，每堂历时1.5小时，同样每周一堂，如此共十周。出于这个原因，每一课都被分为上下两集。

在正式上课之前，最好有一段餐饮时间，这给来宾一个放松的机会，让他们在亲切友善的气氛中和其他父母交谈。营造美好的气氛是本课程一个重要部分。同样重要的是，要让每位宾客放心，他们可以不必公开家庭隐私。不过很多人都发现到，在小组中与其他父母分享经验，是本课程让他们受益的原因之一。

用餐后，由组长向宾客致词欢迎，报告注意事项，然后提供机会快速复习前一（几）课，接着播放当日课程讲座视频，或自己讲课。

在每一堂课的间隙，会给来宾时间，让他们讨论在听讲中引发的问题。倘若来宾超过10位，最好至少分成两组，以子女年龄为分组依据（最大的孩子的年龄），每组都要有一位带领人从旁促进小组讨论。

如何举办课程

本课程的设计让你们举办起来一点都不难，尤其若采用讲座视频就更容易了。或许最后你们仍决定自行讲课，但我们会建议初次举办者最好使用讲座视频，这样你们就可以把精力集中在招待来宾，营造最佳气氛。

无论你们决定用讲座视频或自己讲课，依然需要给每位来宾一本来宾手册。手册里包含小组讨论题目，以及课中和课后练习。

使用讲座视频

所有的讲课都有讲座视频，除了力奇与希拉在摄影棚里的讲课，还包括街头访问，教育专家的采访，以及嘉宾的分享，应邀嘉宾不但有父母，也有孩子，他们会分享养育与被养育的经验。

讲座视频会指示你何时暂停，让来宾做作业或讨论。在这本组长手册的 18-37 页有讲座视频中每一堂讲课长度的时间表。

现场讲课

如果你们要现场讲课，理想上应该由一位母亲和一位父亲担任。
预备工作如下：

- 每一堂上课前先观看该课的讲座视频内容，也不妨阅读《亲子教育》（暂译）(The Parenting Book) 的相关单元。
- 看完讲座视频后，决定每一单元由谁来主讲，一定要两人轮流，才能够针对每一主题分别呈现母亲和父亲的观点。当然一般来说，现场的二人组并不会像讲座视频里的两位讲员那样频繁地一来一往。
- 两人先讲好你们要分享自家的哪些故事，要确定不会让子女现在或将来感到尴尬。若举负面例子，只举自己为例，不可举子女或另一半为例。
- 讲座视频里有"访谈剪辑短片"，可在课堂上选取播放专家和嘉宾的访谈。
- 决定要播哪些剪辑短片，全部播放时间会不够。

标准课程架构

五周的课程

一堂课，包含用餐，以不超过两个半小时为准。我们强烈建议不要缩短讨论时间，因为这往往是本课程中让人获益最多的部分。

十周的课程

把每一课分成上下两集，如此可将五堂课延长为十周的课程，每一堂课则以不超过1.5小时为准。

1. 欢迎

有些来宾初来乍到，难免有些紧张和担心，所以先请他们喝点饮料，亲切地欢迎他们，有助于放轻松。

2. 用餐

晚间课程

用餐时间很重要，不但让宾客彼此认识，聊聊父母经，也是在下班后或让孩子睡觉后到这里来放松一下，总之要让大家都很自在，所以请务必营造亲切而友善的气氛。通常最好是用过主餐后，先听讲课，接着在 15 分钟的练习／讨论时间中，上糕饼、甜点和咖啡、茶。

日间课程

餐点可以是早餐，或是轻食，包含茶和咖啡、面包、水果与优格、坚果、松饼、蛋糕和饼干等。就像在晚上举行的课程一样，餐点可让来宾放松心情，并提供机会认识其他的父母或照顾者。

3. 报告事项与复习课程

从第2周起，先给来宾几分钟的时间复习上周课程内容。来宾手册中有上周（或前几周）课程复习，来宾可以两、三人为一组，或按照小组，彼此分享经验与心得。

4. 讲课（上集）与简短的练习／讨论时间

五周的课程

每一堂的讲课内容都分成上下两集，每一集约30分钟，讲座视频上有清楚的暂停指示。上集之后有15分钟的休息，让来宾享用茶或咖啡，以及糕饼等甜点。这时请看手册中有无指示填写练习，若有，可按小组或两、三人为一组，填写完后互相讨论（夫妻一起来的，可两、三对为一组，若是单亲者则以两、三人为一组）。

十周的课程

每周播上集或下集，看完后就是练习和讨论，播放上集时，简短的练习／讨论时间从15分钟，可至少延长至半小时，讨论手册中"10周课程使用"的题目。

5. 讲课（下集）

五周的课程

接下来看下集。倘若小组中的某些人对某个题目特别感兴趣，小组带领人可以将该主题放到最后再来讨论，最好不要将播映下集讲课的时间延后，那样最后的讨论时间就不够了。有时，下集内容可以帮助对该主题的讨论。

6. 小组讨论

五周和十周的课程

小组讨论在每堂讲课之后进行，约为半小时，每一小组都有一带领人以促进大家参与讨论，讨论题目在来宾手册中，小组讨论的目标不在于得到所有的答案，而在于让每一位来宾都有机会发言。带领人偶尔可以视情况需要分享自己的经验。可以依照来宾最大孩子的年龄来分组，这样可以确保同一组当中的来宾都经历过相似的抚育阶段，有相似的问题可讨论。如果小组的带领人也是为人父母，理想上他或她至少要有一个孩子和该组来宾的孩子年龄相同。

7. 结束

五周和十周的课程

请务必按照预定时间结束，好让要准时离去的来宾感到自在。最好是由带领人宣布聚会结束，并站起身，不管讨论进行得多热烈或尚未得出结论。参加晚间课程的来宾中，有些人因为要安排照顾孩子等因素需要准时离开，而参加日间课程的来宾，有些则需要到学校去接孩子，所以时间都不宜拖延。

那些不急着离开的来宾可能想要继续聊一聊，在小组讨论中提出的问题不一定会有明确的解答，但提出问题并听取其他父母的经验，不但可以帮助大家明白并非只有自己在面临挑战，还可以鼓励他们把眼光放长远。

8. 家庭作业

手册中有些作业是让来宾带回家做，下次上课再来讨论的。这部分也很重要，因为有助于来宾将课程主题应用到自身的情况。（鼓励来宾做家庭作业时，请向他们保证不必交给老师评分！）

9. 反馈

五周和十周的课程

最后一堂课发给每位来宾一张问卷，一方面让来宾回顾课程内容，一方面也给组长反馈意见。应在用餐时间发给来宾填写，课后交回。（问卷范例可从我们的网站下载：alpha.org/malaysia/marriageandparenting）

关键要素

营造合宜的气氛

温馨与接纳的气氛对于课程效果至关紧要。务必让来宾感到放松，能够自在地谈论敏感问题，这唯有在合宜的气氛下方有可能。

1. 选择最佳场地

关键在于找到一个可以让你营造温馨气氛和享用餐点的场地：
- 假如参加的人数不多，通常最佳场地就是在家里面。
- 倘若人数很多，可以在教会、餐厅、离峰时间的咖啡店、学校教室、饭店等。

2. 亲切、有趣和轻松的布置原则

- 倘若不是在家中举办，而场地并不吸引人，那么请找善于布置的人，把它妆点得更加温馨、友善和轻松一点。只要一点创意，即使最单调的房间也可以转变成绝佳的场地。
- 将座椅排成一圈以便小组讨论，若能围着咖啡桌或茶几坐是最理想，可让每一位来宾都有归属感（尤其独自前来的），也有助于每一个人发言与小组讨论。不论是用餐还是集体讨论，这样坐都便于来宾相互交谈并建立友谊。讨论时如有必要，各人可以自行调整座椅（参见第38页课堂布置建议）。
- 用餐时间和课后时间请将灯光转为柔和，并播放轻柔的背景音乐，以营造轻松的气氛。

3. 提供餐饮

- 课前提供餐饮，让来宾有机会放松、彼此认识。
- 课程若排在晚上，来宾可以在下班后直接过来，不必担心晚餐。建议在上课前享用主餐，至于咖啡、茶、糕饼、甜点等，在课间休息或练习／讨论时间再享用。

4. 提供最佳服务

- 有些来宾对于上课有些紧张和担心，所以服事团队如能有最贴心的服务，让他们有宾至如归的感觉，可帮助他们放松心情，自在地参与。
- 在五周的课程中，由小组带领者为来宾倒咖啡和茶，这样，来宾可以看出你们真的关心他们，感到你们很重视他们的家庭生活。

带领小组讨论

小组带领人这个角色对于来宾的上课体验非常重要，如果小组不只一个，务必让所有小组带领人在课前先聚集一下，确认他们都了解自己的角色，他们除了促进小组讨论外，还要在课前与课间担任招待。每个小组的带领人都应该有这本组长手册。

理想的情况是，每一小组至少有两名带领人，假如小组中有作爸爸的、也有作妈妈的，那么带领人最好是一男一女。

1. 带领人的任务

- 主要是欢迎与接待来宾，介绍他们彼此认识，为他们倒茶或咖啡，关心近况，
并在每一堂课的练习与讨论时间鼓励大家发言。
- 第一堂课的第一次讨论时间，带领人应鼓励大家尽量发言，不方便讲的部分可以不讲。也请来宾尊重他人，彼此保密，小组讨论所谈的内容不外流。

- 带领人并不是指导员，其任务是鼓励发言、促进对话与讨论，而不是教导来宾如何养育儿女（那是讲课的目标！）。小组的带领人也可以提供自己养育／照顾子女的经验，但需切合该堂课探讨内容。他们应以鼓励与肯定为目标，所以在分享经验与秘诀时要用"我"或"我们"（例如，"我／我们"发现这一点很有用……），而不要用指教的口吻（"你不要再那样做了，应该这样做"）。因为说"我"可让来宾自由表示同意或不同意，而不会感觉被论断。

2. 课前预备

- 小组带领人应当熟悉来宾手册中的讨论题目，上课前就要预备好。
- 如能在课程前预读《亲子教育》（暂译）则更好，如此可熟悉每堂课所涵盖的各项主题，因为书中的内容比课程更丰富。这本书也涵盖青少年亲子教育，让带领人的眼光可以放得更远。

3. 实际执行的细节

- 先把座椅排好，让来宾可以彼此看见、听见。
- 带领人的位子要能看见所有组员。
- 灯光要充足，好让来宾需要时可阅读手册并作笔记。
- 检查通风状况，不要太闷、也不要太冷。
- 准时一以准时开始、准时结束为目标。
- 如果来宾在10人以上，也有足够的带领人，则分成两组较佳，让每个人都有机会发言。

4. 小组讨论会被两种带领风格破坏

- 软弱型一没有预备好，发言机会都让某一个人占去。
- 强势型一自己唱独脚戏，没有给其他人表达意见的机会。

5. 问开放式的问题

- 所谓"开放式"问题，就是不能光答是与否，而是容许有不同的反应，例如："目前你在养育儿女上面临最大的挑战是什么？""你选择来上课的主要原因是什么？""你希望从这套课程获得什么？／你希望能有什么收获？"
- 请依照来宾手册中的问题来进行小组讨论，除非有来宾提出一个令多数组员感兴趣的问题。
- 倘若未能将来宾手册中的问题全部讨论完，也不要紧，尽可能多用这些问题让讨论持续进行，同时尽量让每一位来宾都发表意见。
- 假如只讨论了一、两题，眼看时间快到，应在结束时间前几分钟，问小组："有没有人想要讨论手册上的其他问题？"若有，请对小组说，这个问题留到下一次讨论（放到用餐时间或小组讨论时间）。
- 先准备一些延伸的问题，以备万一引不起讨论，场面尴尬时可派用上场。
- 有两个基本问题可问："你有什么看法？"和"就刚才所听到的你感觉如何？"
- 若有来宾提出问题，不要自己作答，而是问小组："大家有什么看法呢？"
- 避免高姿态，对每一个人都要尊重，对每个看法都要显出兴趣，就算你不同意。

6. 要作好答不出问题的心理准备

- 假如有人提出超过你的经验或知识的问题，应坦白说你不知道，不必害怕。必要的时候，可告诉提问的来宾，你会去查资料，等下次上课再回答。
- 你可以参阅《亲子教育》（暂译）或来宾手册附录中推荐的书籍，看看是否涵盖那个问题。
- 在下次上课时，可以利用用餐时间就那个问题与提问的来宾单独交谈，或在小组讨论中再次提出此问题，大家一起讨论。
- 假如所提出的问题需要专家协助，请鼓励该位来宾找医生或受过训练的咨询师谈。

转介

上课前，带领者应先调查本地是否有可利用的资源。一旦碰到超过自身经验和课程范围的问题，便可请这些专业人士来帮忙。

不论是课程所提出的、或生活中碰到的问题，来宾可能会希望找一位受过训练的咨询师谈。对某些父母来说，本课程将是他们寻求帮助的第一步。

此外，来宾孩子的学校可能会有教育心理学家可转介咨询。再不然，也可推荐来宾去找医师，尤其倘若问题牵涉到他们本身或子女的身体或情绪健康的话，更须转介给专业医师。

推广课程

以下是有助于推广课程的方式：

- 邀请你们教会的领袖一起参与。协助教会的领导者看到本课程的异象，以及本课程带给教会成员和社区中其他父母的好处。
- 请求在主日崇拜时间报告此课程。运用各种办法公布开课时间，如教会网站、周报、布告栏等，大力邀请会友参加。
- 放映宣传影片（请上 alpha.org/malaysia/marriageandparenting 网站），使父母和其他照顾孩子的人对本课程感兴趣。这部仅三分钟长的宣传片可以让观众对课程有直观感受，会想更进一步了解。
- 想想其他可以展示海报和邀请卡的地方（关于海报和邀请卡，请至 alpha.org/shop 和 alphaprintshop.org）：
  - 本地各教会
  - 各学校
  - 诊所的候诊室
  - 本地图书馆
  - 义卖商店
- 设法让一篇有关本课程的文章登在当地报纸上，或上本地广播电台接受访问。
- 在父母会经常出入的场所询问可否放置邀请卡或海报，例如：
  - 报章杂志贩售处
  - 健身中心
  - 本地的其他商店
  - 本地的休闲中心／游泳池
- 别忘了，使人报名上课的主要原因是个人推荐。所以在最后一堂课时，务必发给每位来宾邀请卡，鼓励他们至少向一位作父母的人推荐此课程，如此你们课程就能生生不息。
- 请至 alpha.org/malaysia/marriageandparenting 网站登记你们的课程时间，如有人上网浏览本地课程资讯时，可以找到你们举办的课程而报名参加。

快速核对清单

除了本手册上的时间表，你们还需要以下物品：

一套儿童亲子教育课程讲座视频 ☐

儿童亲子教育课程来宾手册（参加者每人一本） ☐

音乐（及播放方式）一在用餐时间和上完课后播放，用 MP3 播放器中的播放清单是最容易的方式 ☐

餐饮（冷热饮，包括咖啡和茶）夜间课程一主餐和蛋糕或饼干日间课程一早餐或上午点心
例如面包、水果和优格、蛋糕和饼干 ☐

桌椅、适合的灯光、桌巾、餐巾、蜡烛、花瓶与鲜花 ☐

盘子、杯子、咖啡杯与碟 ☐

参加者名单和名牌。带名牌有助于大家彼此认识。若参与人数多，名牌上除了来宾姓名外，应加上组别（如第1, 2, 3组等），帮助大家快速找到自己所属的组别 ☐

笔 ☐

多准备几本来宾手册，以备万一有人忘了带，里面要夹一张白纸，让借用的来宾作笔记（以免写在借用的手册上） ☐

一张桌子，可以摆放推荐来宾阅读的书籍（并非必须） ☐

多准备一套（几套）课程讲座视频，以备缺课的来宾借用，准备借用单供填写，以掌握借用与归还状况 ☐

DVD 播放机（若使用DVD） ☐

电视机、荧幕或投影机 ☐

讲员用的麦克风与讲台（人数较多的课程会需要） ☐

不妨准备一本《亲子教育》（暂译），因为有些来宾会想要多了解某一课的内容，也可以送给每位来宾一本，费用包含在上课费用内。

小秘诀：
欲获得最新消息与资源，建议定期上我们的网站：alpha.org/malaysia/marriageandparenting

建立稳固的根基

五周课程（每堂课2.5小时）

1. 课程概要

上集谈到家庭的目的。对孩子来说，家应该是一个给予支持的地方，一个充满乐趣的地方，一个提供道德指标，以及学习与人相处的地方。本集介绍了一个观念，"家庭时间"，就是要定期安排全家人一起玩乐。下集鼓励父母要对家庭生活制定目标，并持有愿景。接下来谈到如何通过鼓励孩子积极玩耍来建立健康的家庭生活；如何通过与每个孩子单独相处来建立亲密的关系，以及如何建立健康的用餐与就寝时间。

2. 核对清单

请看第17页的快速核对清单

3. 时间表

（以下时间表是以晚上上课为准，其他时间上课，只要更改上课时间，依序类推即可）

6:30　组长和小组带领者聚集祷告

6:45　一切就绪！（第一堂课常常会有来宾提早到），给来宾倒饮料

7:00　用餐（倘若来宾超过10人，应分小组带开用餐）

7:30　致词欢迎，以及报告事项

- "欢迎各位来参加儿童亲子教育课程，每一堂课都包含讲课与讨论两部分，大家可以和其他父母讨论子女养育的问题。请大家放轻松，如有任何关于你的孩子或家庭生活的细节是你不想透露的，可以不谈，没有关系。"

- "如果你有哪一堂课不能来，我们有课程讲座视频可供借阅。"（
  如果有的话）

- "如果本课程无法回答你的某些问题，我们可以提供你本地家庭咨询
  师的联系方式，或者由我们帮你联系。"

- "接着我们先用几分钟轮流自我介绍。请先向大家介绍你的姓名、你
  子女的年龄，还有，目前在养育子女这个问题上，你碰到的最大挑
  战是什么。我们要提醒大家，秉持互相尊重的原则，在课堂上所分
  享的个人与家庭生活讯息，都请不要传出去。"

  请注意：以下时间是按照讲座视频上的讲课时间长度所定。

7:40　开始播放讲座视频（或你们的现场讲课）一
　　　上集：家庭的角色（33分钟）

8:13　练习与讨论

　　　"请翻开手册上的练习：评估你对子女的养育现况，开始填写。写好
　　　以后，请以两人或三人为一组讨论。如果是夫妻一起参加，建议你们
　　　两人一起讨论你们养育子女的现状以及想要做的改变。"
　　　（小组的带领人上茶、咖啡和甜点）

8:28　播放讲座视频（或现场讲课）一
　　　下集：健康的家庭生活模式（32分钟）

9:00　小组讨论（请用来宾手册中的讨论题目）

9:30　准时结束。鼓励来宾在下次上课前完成家庭作业练习1和2。

　　　现场讲课：视情况以祷告结束课程。范例：
　　　"主啊，我们为你所赏赐的孩子献上感谢，也感谢你给我们家庭生
　　　活，让孩子有最好的成长环境。求你帮助这里的每一位，使我们的家
　　　都能成为支持孩子的地方、共享欢乐的地方、让孩子学习人生重要价
　　　值观、和彼此相爱的地方。如此祷告是奉耶稣的名，阿们。"

建立稳固的根基

十周课程（每堂课1.5小时）

有些带领者比较喜欢把课程分成十周，假如你们把课程排在早上，又顾虑到来上课的父母需要去接孩子，或者是其他原因，无法一次安排两个半小时上课，那么你们就需要分成10周上课。也就是把每一课都分成上集和下集，每周只上一集。（以下时间表是按照早上上课的日间课程来订的。）

请注意：讲课的时间长度是依据讲座视频而订的。

上集（第一周）

10:00　欢迎来宾，并请他们先享用茶点（咖啡、茶、面包、水果、优格与糕饼等）

10:15　致词欢迎和报告事项

- "欢迎各位来参加儿童亲子教育课程，每一堂课都包含讲课与讨论两部分，大家可以和其他父母讨论养育的问题。请大家放轻松，如有任何关于你的孩子或家庭生活的细节是你不想透露的，可以不要谈，没有关系。"

- "如果你有哪一堂课不能来，我们有课程讲座视频可供借阅。"（如果有的话）

- "如果你有关于子女养育的问题是本课程没有涵盖的，我们可以提供本地的家庭咨询师联络资料给你，或者由我们帮你联络。"

- "接着我们先用几分钟自我介绍。请先向大家介绍你的姓名、你子女的年龄，和目前你在养育孩子方面碰到的最大挑战是什么。我们要提醒大家秉持互相尊重的原则，在课堂上所分享的个人与家庭生活讯息，请都不要传出去。"

10:25　开始播放讲座视频（或你们的现场讲课）—
　　　　上集：家庭的角色（33分钟）

10:58　请来宾写练习：评估你的养育现况，然后小组讨论（请看来宾手册中"10周课程使用"的讨论问题）

11:30　准时结束。鼓励来宾在下次上课前完成家庭作业练习1。

现场讲课：视情况以简短的祷告作结束（讲座视频中上集结束时并没有祷告），范例：

"主啊，我们要为来上课的每一位父母或照顾者的孩子感谢你，我们也要为这些孩子祈求，愿每一个孩子都能在家庭生活中深深体会到安全感、自尊和意义。请帮助我们能让家成为孩子学习建立稳固关系的地方。奉耶稣的名祈求，阿们。"

下集（第二周）

10:00　欢迎来宾，并请他们先享用茶点

10:15　报告事项与复习上周内容

- "欢迎已经上过第一课的来宾，也欢迎今天第一次新来的朋友。"

- "如果你忘记带来宾手册，我们这里有备份可以借用，请把你的笔记写在白纸上，回家后再把笔记誊写在你自己的手册上。"

- "每堂课一开始都会先复习前面的内容，请翻开你的 手册，看第一周课程复习。然后请在小组中（或两、三人为一组）分享过去一周以来你在养育上是否有任何改变？"

10:25　开始播放讲座视频（或你们的现场讲课），下集：健康的家庭生活模式（32分钟）

10:57　小组讨论（请用来宾手册中提供10周课程使用的讨论题目）

11:30　准时结束。鼓励来宾在下次上课前完成家庭作业练习2。

现场讲课：视情况以简短的祷告作结束，范例：

"主啊，感谢你向我们保证你对我们的爱，求你指示我们如何向我们每一个孩子表达爱，好让他们在我们的爱中有充分的安全感，能有信心去建立稳固的友谊，也会想要照顾别人的需要。奉耶稣的名祈求，阿们。"

满足儿女的需求

五周课程（每堂课2.5小时）

1. 课程概要

本课要谈父母如何满足儿女的需求。上集介绍一个观念是，孩子都有一个"情感水槽"（emotional tank），当他们知道父母给他们无条件的爱，这水槽就会常保盈满。盖瑞•查普曼的五种爱之语可帮助父母了解如何用不同的方式表达爱。先谈两种爱的表达方式：言词与肢体的接触。下集接着谈另外三种爱之语：时间、礼物与行动。鼓励作父母的找出哪一种爱之语最能让孩子感到被爱，同时也要找出哪一种爱之语是自己最难表达的。

2. 核对清单

请看第 17 页的快速核对清单

3. 时间表

6:30　　组长和小组带领者聚集祷告

6:45　　为早到的来宾倒饮料

7:00　　分组用餐

7:30　　报告事项与回顾前周课程

– '"欢迎已经上过第一课的来宾，也欢迎今天第一次来的朋友。"

– "如果你忘记带来宾手册，我们这里有备份可供借用，请把你的笔记写在白纸上，回家后再把笔记誊在你自己的手册上。"

– "每堂课一开始都会先复习前面的内容，请翻开你的手册，看上周课程复习。请在小组中分享哪个部分对你最有切身的帮助，还有过去一周中你是否安排'家庭时间'，若有，可以谈一谈你是如何运作的，情况如何？

7:45　开始播放讲座视频（或现场讲课）—
上集：言语和肢体的接触（28分钟）

8:13　简短的讨论

"请两、三人为一组，讨论手册上的题目。"
（小组的带领人上茶、咖啡和甜点）

8:28　播放讲座视频（或现场讲课）—下集：时间、礼物和行动（27分钟）

8:55　小组讨论（讨论题目在来宾手册中）

9:30　准时结束。鼓励来宾在下次上课前完成家庭作业练习1-4。

现场讲课：视情况以祷告结束课程。范例："主啊，感谢你向我们保证你对我们的爱，求你指示我们如何向我们的每一个孩子表达爱，好让他们在我们的爱中有充分的安全感，能有信心去建立稳固的友谊，也会想要照顾别人的需要。奉耶稣的名祈求，阿们。"

满足儿女的需求

十周课程（每堂课1.5小时）

上集（第三周）

10:00　欢迎来宾，并请他们先享用茶点

10:15　复习

　　　　"请翻开手册复习前两周的内容。请与同一组的人分享，哪些内容对你来说最实用，以及过去一周你是否安排了'家庭时间'，若有，请分享进行得如何。"

10:25　开始播放讲座视频（或现场讲课）—第二课上集：五种爱之语—言语和肢体的接触（28分钟）

10:53　小组讨论（请用来宾手册中"10周课程使用"的讨论题目）

11:30　准时结束。鼓励来宾在下次上课前完成家庭作业练习1和2。

　　　　视情况以简短的祷告作结束，范例：

　　　　"主啊，感谢你把我们每一个都创造成为接受爱与付出爱的人。求你帮助我们用言语向我们的孩子表达爱，用关爱的触摸让孩子感到自己是被爱的。奉耶稣的名祈求，阿们。"

下集（第四周）

10:00　欢迎来宾，并请他们先享用茶点

10:15　复习

"请两、三人为一组，讨论用肯定的言词和关爱的触摸表达爱，有没有看到孩子的改变？"

10:25　播放讲座视频（或现场讲课）一下集：五种爱之语一时间、礼物和行动（27分钟）

10:52　小组讨论（请用来宾手册中"10周课程使用"的讨论题目）

11:30　准时结束。鼓励来宾在下次上课前完成家庭作业练习3和4。

现场讲课：视情况以简短的祷告作结束，范例：

"主啊，感谢你向我们保证你对我们的爱，求你指示我们如何向我们的每一个孩子表达爱，好让他们在我们的爱中有充分的安全感，能有信心去建立稳固的友谊，也会想要照顾别人的需要。奉耶稣的名祈求，阿们。"

3 为儿女立界线

1. 课程概要

本课要让父母看到如何为孩子设立健康的界线。上集比较不同的养育风格（忽略型、独裁型、放任型和权柄型），同时也让父母看到，结合温柔与坚定的养育风格（权柄型）是对孩子的健康发展最有益的。本课还介绍了做正确与错误选择的概念，鼓励父母帮助孩子从小就为自己的行为负起责任。下集提出几个实际方式，既可使父母控制自己的情绪，也帮助孩子作出正确的选择。本课的另一重点是，当孩子触犯界线时，要让孩子尝到行为的后果。在树立界线方面，父母的立场应该一致。

2. 核对清单

请看第 17 页的快速核对清单

3. 时间表

6:30　　组长和小组带领者聚集祷告

6:45　　为早到的来宾倒饮料

7:00　　分组用餐

7:30　　报告事项与回顾前周课程

- "上一课我们看到如何让孩子感到被爱。如果你想深入了解如何更有效地向每一个子女表达你的爱，推荐你看盖瑞•查普曼与罗斯•甘伯合着的《儿童爱之语》。"

- "请翻开手册看上一周的复习。如果你在上一周之中用新的方式使用这五种爱之语中的一种，向孩子表达你的爱，请在小组中分享你是怎么做的，效果如何？"

7:45　　开始播放讲座视频（或现场讲课）—上集：有爱也要有界线

8:16　　练习与讨论

　　　　"请填写手册中的练习'自然的幼稚行为'，然后两、三人为一组互相讨论。"

　　　　（小组的带领人上茶、咖啡和甜点）

8:31　　播放讲座视频（或现场讲课）—
　　　　下集：帮助孩子做好的选择（23分钟）

8:54　　小组讨论（讨论题目在来宾手册中）

9:30　　准时结束。鼓励来宾在下次上课前完成家庭作业练习1和2。

　　　　现场讲课：视情况以祷告结束课程。范例："主啊，感谢你指示我们何为最好的行为方式，求你帮助我们清楚看见如何为孩子设立正确的界线。也求你帮助在场的每一位父母勇敢接受各自的挑战，帮助他们对待子女时，有爱也有界线。奉耶稣的名祈求，阿们。"

3 为儿女立界线

十周课程（每堂课1.5小时）

上集（第五周）

10:00 欢迎来宾，并请他们先享用茶点

10:15 复习

"请讨论自从上次课后，你是否使用了任何一种爱之语，若有，请与大家分享这对你的孩子产生了什么影响。"

10:25 开始播放讲座视频（或现场讲课）—第三课上集：有爱也要有界线

10:56 练习与讨论

请来宾填写手册中的练习"自然的幼稚行为"，然后小组讨论（请用来宾手册中"10周课程使用"的讨论题目）。

11:30 准时结束。鼓励来宾在下次上课前完成家庭作业练习1。

现场讲课：视情况以简短的祷告作结束，范例：

"主啊，感谢你指示我们何为对、何为错。求你帮助我们教导孩子为自己的行为负责，请你帮助我们对孩子有温柔也有坚定，也帮助我们在为孩子立界线的同时能控制自己的情绪。奉耶稣的名祈求，阿们。"

下集（第六周）

10:00　欢迎来宾，并请他们先享用茶点

10:15　复习

　　　　"请两、三人为一组，讨论上周课程内容对你最有帮助的地方。"

10:25　开始播放讲座视频（或现场讲课）一第三课下集：帮助孩子做好的选择（23分钟）

10:48　小组讨论（请用来宾手册中"10周课程使用"的讨论题目）

11:30　准时结束。鼓励来宾在下次上课前完成家庭作业练习2。

　　　　现场讲课：视情况以简短的祷告作结束，范例：

　　　　"主啊，感谢你指示我们何为最好的行为方式，求你帮助我们清楚明白如何为孩子立正确界线。也求你帮助在场每一位父母迎向各自的挑战，帮助每一位对待子女时不但有爱也有界线。奉耶稣的名祈求，阿们。"

4 教导健康的人际关系

五周课程（每堂课2.5小时）

1. 课程概要

本课讲到如何教导子女建立健康的人际关系。家庭是孩子学习如何与人相处的最佳场所。父母所树立的榜样对孩子影响最大。上集提到，身为父母，应该掌握的一项有力技能，就是有效聆听。练习环节会安排大家做"反映式聆听"。下集将讨论父母如何恰当处理自己的怒气，以及如何帮助儿女处理他们的怒气。课程最后强调以身作则解决冲突的重要性，包括如何通过表达歉意与原谅重归于好。

2. 核对清单

请看第 17 页的快速核对清单

3. 时间表

6:30　组长和小组带领者聚集祷告

6:45　为早到的来宾倒饮料

7:00　分组用餐

7:30　报告事项与回顾前周课程

－　"下周会有推荐书目的特价活动，欢迎选购。"（视情况宣布须用现金支付，或是有提供刷卡。）

－　"请看来宾手册的上周课程复习，想想看你上一周有没有碰到需要给孩子立界线的例子，然后在小组里分享实施的结果，互相讨论。"

7.45　开始播放讲座视频（或现场讲课）—
　　　上集：以身作则和练习（30分钟）

8:15   练习与讨论

“请填写手册中的练习，反映式聆听。请以两人为一组，有一个扮演孩子（年龄在5至10岁间），另一个扮演 父母。孩子先说手册中所列出的句子，例如‘我们班上每一个人都画得比我好。’父母如实反映你认为孩子说这句话时心中的感受，比方‘听起来好像你觉得画画很难。’（扮演父母的先不要出意见或给安慰一那放到稍后比较合适。）”然后“孩子”指出“父母”了解得对不对。接着“父母”再次作如实反映。

例如，孩子：“嗯，老师要我们画的，我一点都画不出来。”

父母：“那你一定觉得很烦喔。”

对话持续一、两分钟，然后交换角色。使用另一句话起头，遵循上述指示演练下去。

练习完后，以两、三个人为一组，讨论若父母聆听“孩子”讲话，孩 子的感觉如何？还有，你觉得作“父母”如实反映孩子的感受难不难？

接着请讨论手册中的问题2，你是否已经养成对某个孩子偏心的不良习惯？
例如：对某个孩子讲话比较注意听，对另个孩子讲话则不太留意？

（小组的带领人上茶、咖啡和甜点）

8:30   播放讲座视频（或现场讲课）—
下集：处理怒气（我们的和孩子的）（27分钟）

8:57   小组讨论（讨论题目在来宾手册中）

9:30   准时结束。鼓励来宾在下次上课前完成家庭作业练习一和二。

现场讲课：视情况以祷告结束课程。范例：
“主啊，感谢你以耐心与仁慈对待我们，感谢你饶恕我们所犯的错。但愿在我们的家中常常看到道歉与原谅，求你帮助我们正确解决冲突，成为孩子良好的榜样，让他们看到如何用健康的方式处理怒气。奉耶稣的名祈求，阿们。”

4 教导健康的人际关系

上集（第七周）

10:00　欢迎来宾，并请他们先享用茶点

10:15　复习

"上周以来你是否碰到需要为孩子立界线的情况？请举一例，并讨论结果。"

10:25　开始播放讲座视频（或现场讲课）—
第四课上集：以身作则和练习（30分钟）

10:55　练习与讨论

"请填写手册中的练习，反映式聆听。请以两人为一组，一位扮演孩子（年龄在5至10岁间），另一位扮演孩子的父母。孩子先说手册中所列出的句子，例如'我们班上每一个人都画得比我好。'父母如实反映你认为孩子说这句话时心中的感受，比方'听起来好像你觉得画画很难。'（扮演父母的先不要出意见或给保证——那放到稍后比较合适。）"

然后，"孩子"指出"父母"解读到底对不对。接着，"父母"再次作出如实反映。

例如，孩子："嗯，老师要我们画的，我一点都画不出来。"

父母："那你一定觉得很烦喔。"

对话持续一、两分钟，然后交换角色。使用另一句话起头，遵循上述指示演练下去。

作完以后，两、三人为一组，讨论当"孩子"讲话时，如果父母在认真聆听，感觉如何？还有，你觉得作"父母"如实反映孩子的感受难不难？

接着小组讨论（请用来宾手册中"10周课程使用"的讨论题目）

11:30　准时结束。鼓励来宾在下次上课前完成家庭作业练习1。

现场讲课：视情况以简短的祷告作结束，范例：

"感谢主，当我们向你呼求时，你都垂听。请帮助我们好好地倾听孩子的心声，也愿我们在辨识与明白孩子的感受方面越来越有长进。奉耶稣的名祈求，阿们。"

下集（第八周）

10:00　欢迎来宾，并请他们先享用茶点

10:15　复习

"请讨论有没有比较懂得倾听孩子的心声，上周以来有没有尝试'反映式聆听'？若有，结果是否不一样？"

10:25　开始播放讲座视频（或现场讲课）—第四课下集：处理怒气（我们的和孩子的）（27分钟）

10:52　小组讨论（请用来宾手册中"10周课程使用"的讨论题目）

11:30　准时结束。鼓励来宾在下次上课前完成家庭作业练习2。

现场讲课：视情况以简短的祷告作结束，范例：

"主啊，感谢你以耐心和仁慈待我们。感谢你，当我们做错的时候，你会原谅我们。求你使我们的家常常有道歉与饶恕，求你帮助我们正确地解决冲突，给孩子作良好的榜样，让他们看到如何用健康的方式处理怒气。奉耶稣的名祈求，阿们。"

父母的长期目标

五周课程（每堂课2.5小时）

1. 课程概要

最后一课探讨家庭的长期目标，以及父母如何以培养孩子健康的独立性为目标来训练他们。上集帮助父母辨认自己有哪些征兆，显示出不健康的控制欲。也提出一些实用的建议给父母，来帮助孩子在面对毒品、酒、性与网络时，能做出正确抉择。下集讲到如何将我们的信仰与价值观传给子女，也要看看建立家庭传统、作息常规与仪式的好处，这样做不但可以营造家庭的认同感与安全感，并可以借此将正面的价值观传递给孩子。

2. 核对清单

请看第 17 页的快速核对清单

3. 时间表

6:30　组长和小组带领者聚集祷告

6:45　为早到的来宾倒饮料

7:00　分组用餐

7:30　报告事项与回顾前周课程

- "下课后请把握特价的机会购买推荐的书籍。"

- "请尽量拿下一期课程的邀请卡，给任何你认为会对儿童亲子教育课程有兴趣的人。"

- "上完本课程的夫妇不妨接着参加婚姻课程，如果你们想一起来上课的话，欢迎报名参加，也请多拿一些邀请卡，邀请别人来参加。"

- "启发课程是探索人生意义、讨论基督教信仰的好机会。这套课程已经帮助许多父母确定他们希望将哪些信念与价值观传递给下一代。这里有课程邀请卡，请踊跃参加。"

– "请你花几分钟填写问卷，不但可帮助你回顾整个课程，并且你所给
我们的反馈能帮助我们下次把课程办得更好。课程结束前我们会给
大家几分钟填写问卷。 "请从我们的网站：
alpha.org/malaysia/marriageandparenting 下载问卷。

7:45　开始播放讲座视频（或现场讲课）一
上集：鼓励孩子负责任 （30分钟）

8:15　练习与讨论

"请填写练习'逐渐放手'，然后两、三人为一组互相讨论。 "

（小组的带领人上茶、咖啡和甜点）

8:30　播放讲座视频（或现场讲课）一下集：传承信仰与价值观（30分钟）

9:00　小组讨论（讨论题目在来宾手册中）

9:30　准时结束。鼓励来宾完成家庭作业练习1至3。

现场讲课：视情况以祷告结束课程。范例：

"感谢主，你认识来上课的每一位父母的孩子。感谢主，因我们可以
为他们向你祈求，并且为你垂听我们的祈求，感谢你。我们也为除父
母以外，其他对孩子的成长有正面影响的人感谢你。求你实现你为每
个孩子所定的旨意，请帮助我们将子女交托给你，也把我们对子女的
期许与渴望交在你手中。愿我们都能营造充满爱与安全感的家，让我
们的孩子在其中自由自在地发挥你所创造的独特性。奉耶稣的名祈
求，阿们。 "

请来宾填写问卷并交回，再离开。

5 ▸ 父母的长期目标

十周课程（每堂课1.5小时）

上集（第九周）

10:00　欢迎来宾，并请他们先享用茶点

10:15　复习

"请讨论上周以来你对处理自己的和孩子的怒气，有什么新的领悟，有没有带来改变？"

10:25　开始播放讲座视频（或现场讲课）—
第五课上集：鼓励孩子负责任（30分钟）

10:55　练习与讨论

请来宾填写作业"逐渐放手"，然后小组讨论（请用来宾手册中"10周课程使用"的讨论题目）

11:30　准时结束。鼓励来宾在下次上课前完成家庭作业练习1和2。

现场讲课：视情况以简短的祷告作结束，范例：

"感谢主引导我们、保护我们。求你使用我们引导与保护我们的孩子，同时帮助他们为自己的行为负责任、作好的选择。奉耶稣的名祈求，阿们。"

下集（第十周）

10:00　欢迎来宾，并请他们先享用茶点

10:15　报告事项（视情况）、复习

- "下课后请把握特价的机会购买推荐的书籍。"

- "请尽量拿下一期课程的邀请卡，给任何你认为会对此课程有兴趣的人。"

- "上完本课程的夫妇不妨接着参加婚姻课程，如果你们想一起来上课的话，欢迎报名参加，也请多拿一些邀请卡，邀请别人来参加。"

- "启发课程是探索人生意义、讨论基督教信仰的好机会。这套课程已经帮助许多父母确定他们希望将哪些信念与价值观传递给下一代。这里有课程邀请卡，请踊跃参加。"

- "请你花几分钟填写问卷，不但可帮助你回顾整个课程，并且你所给我们的反馈能帮助我们下次把课程办得更好。课程结束前，我们会给大家几分钟填写问卷。"请从我们的网站：**alpha.org/malaysia/marriageandparenting** 下载问卷。

10:30　开始播放DVD（或现场讲课）一第五课下集：传承信仰与价值观（30分钟）

11:00　小组讨论（请用来宾手册中"10周课程使用"的讨论题目）

11:30　准时结束。鼓励来宾完成家庭作业练习3。

请来宾填写反馈问卷并交回，再离开。

现场讲课：视情况以简短的祷告作结束，范例：

"主，我们感谢你，这里每一位来宾的孩子你都认识，你都爱他们，我们可以为他们向你祈求，感谢你垂听我们的祈求。也为除了我们作父母的以外，其他协助引导孩子、给孩子好的影响的人感谢你。求你实现你对每一个孩子的旨意。请帮助我们将我们的孩子交托给你，也把我们的期盼和渴望都交在你手中。愿我们都能营造充满爱与安全感的家，让我们的孩子在其中自由自在地发挥你所创造的独特性。奉耶稣的名祈求，阿们。"

课堂布置建议

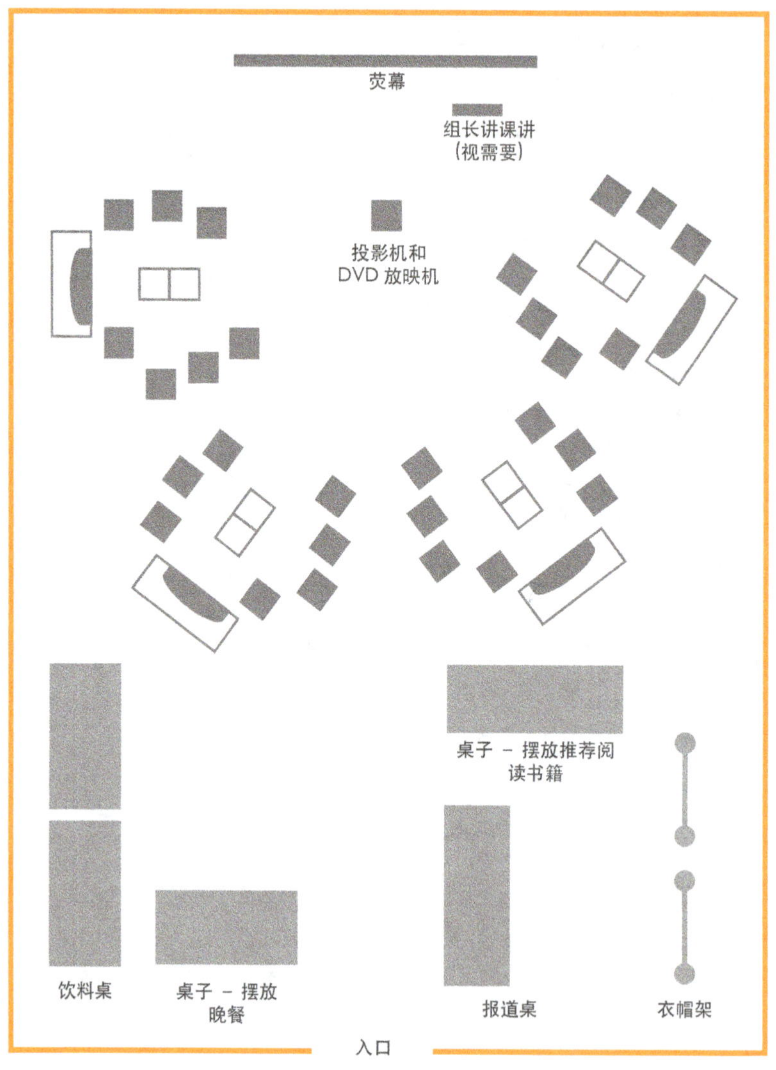

请注意：供小组使用的桌子可以两张小桌合并（如图示），也可以用一张大桌子。

如果你想更加深入了解"儿童亲子教育课程"，或者"青少年亲子教育课程"
的举办地点或如何开办课程，请联络：

Alpha Malaysia @ Alpha Hub
RT1 (A & B), Level 8 (Rooftop)
Lot 10 Shopping Centre
50250 Kuala Lumpur, Malaysia

电话：**+603 2141 0279**
电邮：**info@alpha.org.my**
网站：**alpha.org/malaysia/marriageandparenting**

若有意更多了解基督信仰，并且希望联络附近的"启发课程"人员，请联络：

The Alpha Office
HTB Brompton Road
London SW7 1JA
电话：**0845 644 7544**
网站：**alpha.org**

www.ingramcontent.com/pod-product-compliance
Lightning Source LLC
Chambersburg PA
CBHW061320140726
47998CB00006B/2481